# 時の到来

『Astro-beads』和子

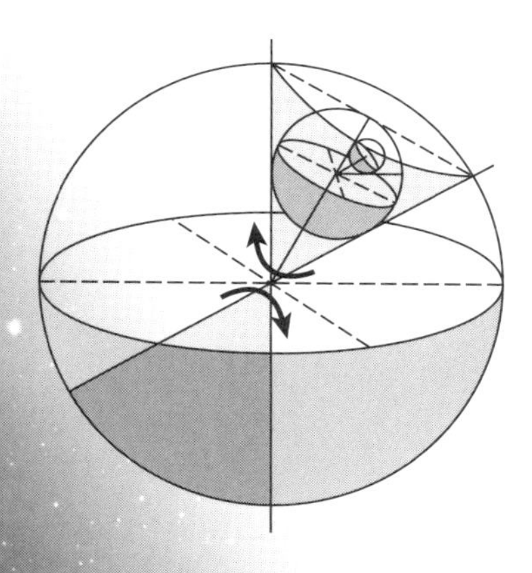

文芸社

# はじめに

## 本書の性質

本書は、『Astro-beads』理論を残すことを第一に記した１冊目『アーッ、時空がずれたー！』（文芸社）、広く伝えることを重視して読み解く「鍵」も含めて記した２冊目『新時代への飛翔』（文芸社）、その後の展開を、日を追って記してきた３冊目『動き出した新時代』（文芸社）の続編となっている。

今回初めて私の著作を手にとったという方や、理解できてはいるが改めて復習したいという方のために、まず本書を読み解く「鍵」となる用語などをわかりやすく簡潔に記載することとする。

この『はじめに』をしっかりと理解していただければ、本書１冊だけでも読み解くことが可能となっている。本書によって、より興味が湧いた方は、他の著作にも目を通していただければ、より理解が深まるものと思う。

## 基本となる３つの思想と用語

・仏陀の残された「法」＝「〇△□」。
・聖書ヨハネ黙示録の「都は『方形』にして」の記述と、都の城壁の土台が数々の「宝石」で飾られているという記述。
・インドの古代叙事詩『アタルヴァ・ヴェーダ』に記された、天地を支える宇宙の大支柱「スカンバ」という用語。

## 3つの思想と用語の本書における解釈

・「○△□」＝「法」＝「宇宙システム」

・「○」＝「形而上」(諸々の現象化を三次元界に生み出している創造性の領域、従来は「神」の領域として抽象的表現から神話や伽噺等をもって表現されてきていた領域)

・「□」＝「形而下」(諸々の物質的現象化を生み出している三次元的領域、聖書ヨハネ黙示録に示されていた『方形』の領域)

・「△」＝回転する球体内に生ずる上下のスピン運動――そのスピン運動は階層的時空間、「渦」構造の橋渡しをしており、次元を超えて磁場にインプットされている天地開闢(かいびゃく)以来のすべての情報は二重螺旋構造をもって現象化を生み出してきていることにもなってくる。この掛け橋をインドの古代叙事詩「アタルヴァ・ヴェーダ」に「スカンバ」と表現されており、天地を支える大支柱「スカンバ」と呼ぶことにする――

## 『Astro-beads』理論の図解

〔図1〕

タテ、ヨコ、タカサの「正立方体」に1本のタスキ（スカンバ）が入った構図が脳裏をかすめる。

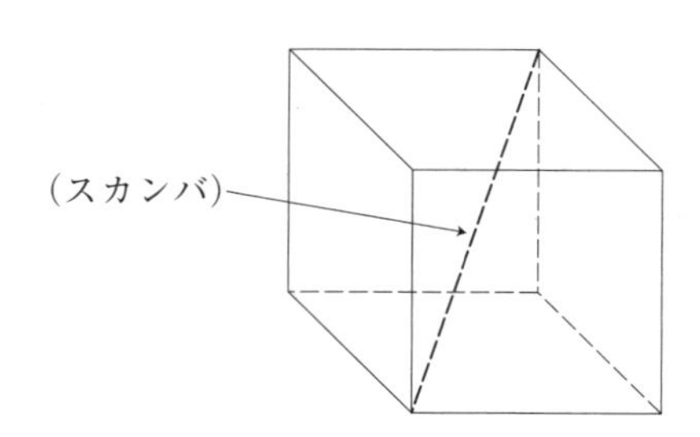

〔図２〕

膨張していると言われる三次元的空間は、「スカンバ」を通して、ミクロコスモス、マクロコスモス、超マクロコスモスへと立方体から「渦」構造へと展開し、階層的時空間を生み出していることにもなる。

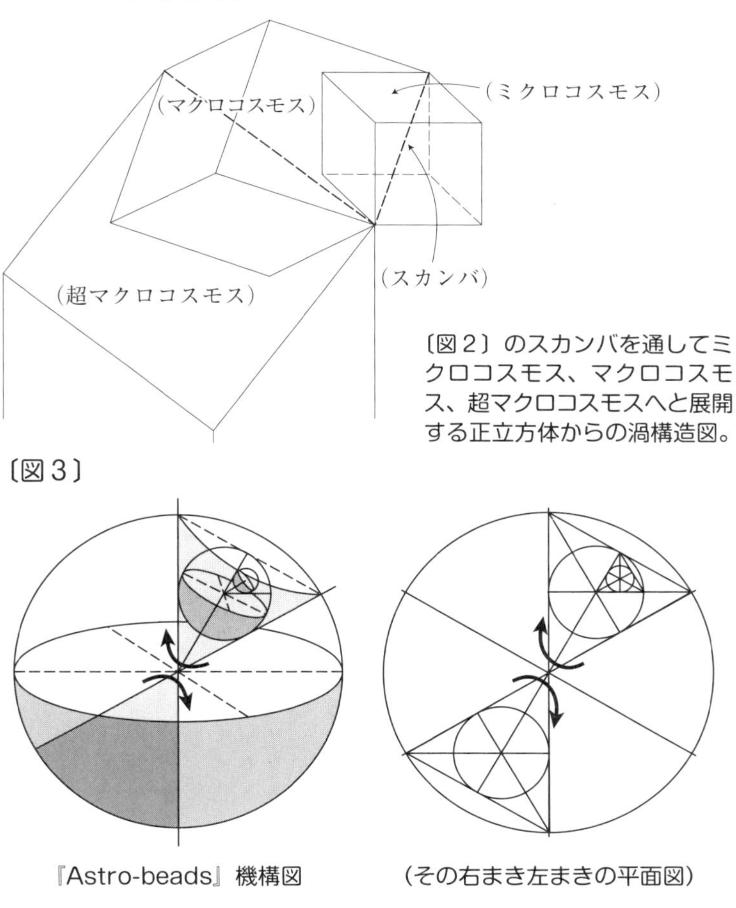


〔図２〕のスカンバを通してミクロコスモス、マクロコスモス、超マクロコスモスへと展開する正立方体からの渦構造図。

『Astro-beads』機構図

（その右まき左まきの平面図）

## 『Astro-beads』理論解明の発端

1960年6月5日の日曜日、午後1時を回ったころ、聖書集会から帰宅して2階に上ってきたとき、廊下の窓越しに突然〔図1〕が浮かんだ。その目にした「正立方体」には1本の線（スカンバ）が示されていた。「この1本の線とは何？」……と。そのとき脳裏をかすめた1本の線の入った「正立方体」の構図が問われることとなる。

その後のこと、日を経たある日、この「方形」について説明を模索するとき、この「渦」構造が説明されるためには、更なる外界の関与、回転する球体の「宇宙システム」の必要性が脳裏をかすめ、〔図3〕の回転する球体の仕組と重なることとなる。〔図1〕〔図2〕〔図3〕が重なることによってその理は解け始めたこととなる。

1960年6月5日、そのインスピレーションに驚かされ、救いを求めてのことか、とっさに手にしていた聖書を開いてみた。そこに記されていたのは「ヨハネ黙示録」21章「都は方形にして、その長さ広さ相均し」に続き、都の城壁は宝石で飾られていることが記されており、最終章には新しい時代の到来が記されているのであった。後日になって気付かされたこととして、都の城壁が宝石で飾られているということは諸々の現象化は回転する球体から生み出された結晶の華であることの示唆として、論理展開の一助ともなっている。

こうして私は、29歳のその日をきっかけに『Astro-beads』の理論なるものが模索、記録させられてくるうちに……、今回は『Astro-beads』和子として時代の動きに関連して、事の展開を記録させられ始めていたこととなる。

また、前記からわかるように、『Astro-beads』は基本的に

「宇宙システム」の流れに沿って時代の動きを書かされてきていることから、『Astro-beads』の文章は自分で書いておりながら「○○させられた」と受身の姿勢で表現されてきていることとなる。これらのことを意に留めておいていただけると、比較的混乱することなく読み進めることができるのではないかと思う。

こういった私の辿らされてきた人生については、前3作に詳しいので、ご興味のある方はぜひご参照のほどを。

目次

はじめに　3
本書の性質　3
基本となる３つの思想と用語　3
３つの思想と用語の本書における解釈　4
『Astro-beads』理論の図解　4
『Astro-beads』理論解明の発端　6

## 第１部　“時の到来”

第１編　“事”に寄せて！　12
問われている時空概念
——『Astro-beads』を辿らされてきて　14
諸々の現象化とは？　16

第２編　今、言える一言　18

第３編　“事”ここに至って！　23
年度がわり、促されての一筆（合唱部）　25

第４編　その後の思いつくままの記　26

第５編　「回れ右」して眺めさせられる視界とは？　32

第６編　2017年に入って、意外な展開　35
意外な展開、座間市長へと、今後に託して！　42

第７編　“原点”の謎解き　43
“時の到来”を記してきて……！　47

第８編　生命現象の謎解き　49

第９編　まったく思いがけない出来事　53

第10編　新時代の方向性が無意識の中を流れ始めている　57

## 第２部『Astro-beads』からのプレゼント

「三途の川」を渡らされて　62

見えてくる未来性　66

“事”の展開　68

“事”ここにきて問われる「重力波」との出会い！　70

見えてきた“事”への展開、動き出した“時の到来”　72

ここにきて出合わされた本　74

# 第１部

# “時の到来”

# 第1編　“事”に寄せて！

一市民の立場から、誘われるままに参加した定年後の「あすなろ大学」に籍を置き、何時しか、早11年もの時が流れ……。その間、私は何をしてきていたのだろうかと！

今ここにきての一言！
“事”の展開は、1960年６月５日のインスピレーション幾何学的構図『青い空に浮かんだ“方形”』に始まっている！

それから早半世紀、50年をも経た85歳にもなっているこのオバアさん！
特許庁から求められての特許名、朝の目覚めのとき、背を叩かれるようにして呟かされた一言……「天の配剤」なるか、『Astro-beads』の名のもとに、今日に至った“事”の展開！

半世紀も辿らされてきていた“事”の展開は、現在に至って、“時代は、各自各様、その意識の改革期、その変動期に入ってきていること……如実にと！”

『Astro-beads』……その時空間の意識改革から眺めさせられてくるとき、まさに、従来の科学的三次元界の視点を超えて、三次元的現象化を生み出しているところの、その「宇宙システム」、その背景が見えてくる！

つまりは、諸々の現象化を生み出してきているところの、その背景にある「宇宙システム」、つまりは**“生命現象の謎解き”**ともなって！

今、ここに至って展開し始めてきているのが……“事”解けてきてみると、何のことはない、古代宗教的立場から伝えられてきていた仏教の**『法』（○△□）**にも、如実に示されてきているのが見られることにもと！

まさに、伝えられてきていた回転する球体（○）、その内部に生ずる上下のスピン運動（△）、その二重螺旋構造が、次元を超えて諸々の情報を運び、三次元界（□）に諸々の現象化を生み出してきていることにと！

（古代インドの「アタルヴァ・ヴェーダ」にも、諸々の現象化を生み出している一本の「対解線」について“スカンバ”として表現されているのも出てくる。“事”の説明はまたの機会にして！）

我々の存在性、今在ることも、天地開闢以来の情報あっての存在性と、アー、何をか言わんや、新時代の幕は「スマホ」ならずとも、すでに開かれ始めて動き出していること……知るや、知らずや！

新人類ならずとも、現に生かされてきているその存在性、その幸せを、ただただ感謝……言葉を失う……！

ブラボウ、ブラボウと！

（2016年９月１日記）

## 問われている時空概念
## ──『Astro-beads』を辿らされてきて

（2014年度「あすなろ大航海」投稿より）

Astro=天文、天体、星
beads=数珠玉

驚きましたネ……！
半世紀にもなる53年来の経過報告、「天動説」「地動説」につながる時空概念の簡単な説明の展開は意外や意外、“時の到来”を伝えていることになろうとは……ブラボウ！　ブラボウ！

「天動説」「地動説」を超えて、更なる外界の回転運動に気付かされるとき、そこに何かが見えてくる。

（諸々の現象化……それらを生み出している根源的「宇宙システム」、**生命現象（○△□）の謎解き**に目覚めさせられる“時の到来”になろうとは！）

2014年の年明け……その意識は球体の回転運動、それも次元を超えた三層構造をもって、**根源的「宇宙システム」**についてペンをとらされることになろうとは……ただただ驚かされ、まさに“時の到来”とばかりにペンを走らせているのであった。（2014年２月末記）

“追放されていた楽園、エデンの園への復帰、今始まっている”

聖書に記されていた人類の始祖、アダムとエバが、その時点において、なぜ楽園を追放されねばならなかったのであろうか？

（現象化された「被造物」（□）の視点から、現象化を生み出している宇宙システム、その「創造性」（○△□）の視点に気付かせられるとき）

自然破壊にも至っている、“万物の霊長”との思い上がり……現代の被造物としての人類文明は、階層的時空間、その全体像の調和性「結晶作用」に目覚めさせられるとき、追放されていた楽園への復帰……今、その“時の到来”、すでに始まっているのが見えてくる。サンキュ、サンキュ！

## 諸々の現象化とは？

（2014年度「あすなろ大航海」投稿より）

回転する一つの球体にその端を発し、時空を超えて生み出されてきている「結晶の華」！

（結晶化にそぐわぬ波動は、自然消滅して次期結晶化はみず）

意識を転ずれば「情報」なる波動は、次元を超えて降ってくることとなる。

各自の存在性も、視点を転ずれば「天地開闢」以来の「情報」の下に生み出されてきている進化過程を辿って現象化してきた被造物！

その「情報」あってこそ、現在の三次元界（□）の存在性、次元を超えた時空間（○△）は「情報」の海……、諸々の「情報」なくして我々の存在性、現象化は在り得ない。

「夢」にしても「UFO問題」にしても次元を超えた時空間からの反応「情報の海」と！

耳を、心を、傾けてごらんなさい！　次元を超えた情報が響いてくることにもと！

それは、**仏陀の示された「法」（○△□）、生命現象にも重なってと……！**

～余談の一言として～

現象化された三次元的肉体は滅しても、次元を超えた「宇宙システム」にインプットされた波動は、次期現象化を生み出す礎となって展開してきていることにもと！

次元を超えた「宇宙システム」から眺めさせられる「結晶作用」は、現象化の永遠性をも伝えていることに目を向けて見なければならない“時の到来”と……！

天地開闢以来の諸々の「情報」あっての現象化、現在の我々一人一人のその存在性、何をか言わんや。ただただ感謝あるのみ！

# 第2編　今、言える一言

1960年６月５日のインスピレーション『青い空に浮かんだ“方形”』に“事”は始まっている！

経てきた約半世紀もの今、まさに時代的“時の到来”と！

ここに至って見えてくる、追放された楽園……エデンの園への復帰、今、始まっていると！

文芸社から20周年記念のご案内「かしこ」が送られてきて、数年前に出版していた自著３冊を振り返らされることとなる。

・『アーッ、時空がずれたー！』（2009年6月初版）
・『新時代への飛翔』（2011年3月初版）
・『動き出した新時代』（2012年6月初版）

在席していた定年後の市民大学『あすなろ』の30周年にことよせての一筆（９月１日記）に誘導されてでもいるかのような今回の“事”の展開！（再度、出版の運びへと！）

まさに、“時の到来”と！

出版されていた自著３冊は、瓜谷綱延社長の「文芸社」の出版書ではあるが、２冊目の『新時代への飛翔』の中では、瓜谷綱延社長の父にあたる「たま出版」創業者、瓜谷侑広氏について触れている！

瓜谷侑広「たま出版」創業者は、その当時から、「個」を超えた「宇宙の全体像」、そのシステムについて問われ、“時の到来”を待ち望んでの旅立ち、死を迎えておられたこと！

そして、今、はからずも、文芸社20周年の「かしこ」を通しての再度の出逢い、当方の出版の運びとなる！

瓜谷侑広氏が生前から意を留められて、「個」を超えた「宇宙システム」、その全体像が問われる時代へと、今、まさに如実にと！

何のことはない！　時代は今、まさに、時空間の変動期へと！

諸々の現象化は、如実にと、それを物語り始めているのが見えてくる！

３冊の自著には、その他、“事”の変動期の訪れについても、また、著名なる博士からの記にも触れ載せさせていただいていること、今、ここにきて感謝、感謝の一言に、サンキュ、サンキュと！

**“事”解けてくると、今に始まったことではないのであるが……！**

**今、まさに「時空間の変動期にと！」**すでに入ってきており、“事”あって（『青い空に浮かんだ“方形”』の体験）早、半世紀もの時の経過、異常気象は日増しに激しく、異常気象は何を物語っているのであろうかと？

（三次元の「XYZ」の時空間は、ある一定の段階に達すると、「渦」状に、その謎解きが半世紀も経た今、“事”、明らかに説明されて、つまりは『Astro-beads』の構造の説明ともなるのであるが、先般の自著３冊に託して、一先、ここではしめくくり！）

当然、もたらされてきている異常気象は、動植物等にも、それなりのなんらかの影響を及ぼしてと！当然、人類の意識感覚にも、それなりの云々と！

アー、何をか言わんや！

人類の始祖、アダムとエバが、なぜ、その時点において、楽園、エデンの園を追放されねばならなかったのか？　楽園への復帰は今始まっている！

万物の霊長と誇ってきた人類も……、諸々の現象化を生み出してきている「宇宙システム」からのひとかけら……“生命共同体”なりと！

従来の現象化されてきていた諸々の現象化を超えて、それらを生み出してきているところの「宇宙システム」「生命現象」

の謎解きとして……！

今、“事”、明らかにされる時代へと！

問われる「時空間の変動期」……、“事” の謎解きは……、それらをも解き明かし……、示してきていることにと……、人、知るや知らずやと！

今、ここにきて問われる各々の存在性、ア、何をか言わんや、各自、各様、各々に頂いて生まれてきているその背景の「宇宙システム」に、その次元を超えた情報あっての各々の存在性、その自覚に目覚めねばならない時代へと！

ア、何をか言わんや！

そこに三次元的現象化を超えて、今生に生を受けて存在させられていることへの感謝、今後への現象化へと！

諸々の現象化とは、球体の回転運動に端を発し、次元を超えた時空間へと！

球体内に生ずる次元を超えたスピン運動、二重螺旋構造を通して諸々の情報は運ばれ、諸々の現象化へと！

諸々の現象化の謎解きとなって『Astro-beads』は、諸々の現象化の基、**法（○△□）**とあっての今日へと！

ア、何をか言わんや！

すでに未来、楽園は、現象化された各々の息吹によって、知るや知らずや、問いかけられてきていることにと！

未来への誘い、各自に問われ、未来へと託されてきていること、ヨシナニと！

50年来の経過報告なるものは、85歳を迎えているこのオバアさん！　一昨年目にした小椋佳さんの“生前葬コンサート”に因んで、私も一応は肩の荷を下ろして“生前葬”にと！　しかし時の流れは終わることのない「永遠の生命現象」。その謎解きとも重なって、諸々の現象化のその背景には、「肉体は滅しても、消えることのないインプットされた情報あっての現象化！」、諸々の情報は、なおも未来に託され、未来の現象化へと！　「永遠の生命現象」、諸々の情報あっての今日の存在性であること！　サンキュー、サンキューと！

（2016年９月14日記）

## 第３編　“事”ここに至って！

ステップ……、アップ……、ジャンプ……、「回れ右」して、眼下に眺めさせられる視界……、過去の山並！

“事”ここに至って！

歩まされてきていた半世紀、『Astro-beads』をもって、辿らされてきていた50年来！

“事”……振り返り、見るとき、まさに、「時空間の変動期」！

新時代は、すでに始まっていることにと！

人、知るや、知らずや、「時空間の変動期」、追放された楽園、エデンの園への復帰……、今、始まっているのを！

ア、何をか言わんや！

「万物の霊長」と誇り、辿らされてきていた人類のその過程、諸々の現象化を生み出してきている「宇宙システム」、そのシステム「法」（○△□）あっての諸々の現象化！

その全体像に目覚めさせられるとき、人類は、追放されていた楽園、エデンの園への復帰、その幸、今、始まっているのを、各自、各様、知るや、知らずやと！　先は、ヨシナニと！

（2016年11月６日記）

## 年度がわり、促されての一筆（合唱部）

「あすなろ生」……、私、今は何年生？
　振り返り、気付いてみれば、
　懐かしい想い出の歌の中に腰すえて、
　去り行く時代を懐かしみ、
　また、皆の声に誘われて歌っている……♪

　アリガトウ、アリガトウのメロディは、
　語りつがれて、ランララ、ランラ、ランラララ……♪

（2014年３月末記）

## 第４編　その後の思いつくままの記

諸々の三次元的現象化、問われるその原点。

なんのことはない、“回転する球体”（○）に“事”は始まっていることにもと……！

その原理は、仏教に伝わる「法」（○△□）にも、また、『浦島太郎の童謡』にもと……！

その他、神話などの発生の原点にもと……！

♪昔々、浦島は
助けた亀に連れられて
竜宮城へ来て見れば
絵にも描けない美しさ

♪乙姫様のご馳走に
鯛やひらめの舞踊り
ただ珍しく面白く
月日の経つのも夢のうち

♪遊びに飽きて気がついて
お暇乞もそこそこに
帰る途中の楽しみは
土産にもらった『玉（○）手（△）箱（□)』

♪帰って見れば此は如何に
　元居た家も村も無く
　路に行きあう人々は
　顔も知らない者ばかり

♪心細さに蓋とれば
　あけて悔しき玉手箱
　中からぱっと白煙
　たちまち太郎はお爺さん

亀の甲羅に見られる幾何学的パターンに誘われて、訪れた異次元界、そこに見られるインプットされている美しき諸々の情報源、そして土産をもらって帰ってきた太郎は、時空を超えてお爺さんに！

「時空間の変動期」は、エジプトのピラミッド文明もしかり、また、日本の国生みの神話、雲の上からイザナギ、イザナミの２柱の神が鉾をもってコウロ、コウロ……と掻き回し、したたり落ちた海の水は、大八島を生んだと！　まさに、『Astro-beads』の“スカンバ”なりと！

『Astro-beads』を辿らされてきて、早、半世紀も過ぎるこの「ウラシマタロウ」ならぬ、この「オバアさん」！

訪れている新時代を書かされてきていた、閉じこもりがちな日々……、先日（2016年11月28日）秋晴れに誘われて、友人と繁華街に足を伸ばしてみることにと……！

街中を、行き来する人々……、その中の若い人たちに接し、世代の差、半認知症にも踏み込んできている、このオバアさん、目にする若い人たちの未来性、行き交う人たちに接し、導かれるままに、誘われるままにと、歩み出させられてきている若い人たちの未来性、つくづくと……！

人、知るや知らずや、世相はまさに新時代へと動き始めていること、知るや知らずや、永遠の未来、エデンの園に向かって、手探りしながらも、歩み出され始めている未来性、エデンの園へと向かって、ブラボウ、ブラボウと……！

“事”、眺めさせられている、浦島太郎ならぬ、このオバアさん！　辿らされてきていた半世紀、『Astro-beads』からの模索はエデンの園、未来へと、今、動き始めているのが見えてくる！

肉体は老い、滅しても、“事”の次第は、浦島太郎と共に未来へと、新しい時代はすでに動き出している感、ヒシヒシと！サンキュ、サンキュと……！

各自、各様、未来への夢をと！　それがエデンの園へとつながって……！

余談ながら、ここまで書いてきて、フッと脳裏をかすめた、全く忘れていたが、幼い頃、耳にしていた、第二次大戦の始まる前の歌か？

♪金鵄(きんし)輝く日本の
　栄ある光身にうけて
　いまこそ祝へこの朝(あした)
　紀元は二千六百年
　ああ一億の胸はなる

そして、戦争に出向く当時の若い人たちの姿、その神々しくもある若人たち（テレビに写し出されていた当時の姿）ホウフツと……！

その後、日本の歴史は、原爆を通し、戦後へと、そして、その後の復興、現在へと！

その後辿らされてきた今の平成28年を迎え、“事”の次第は、皆々様の体験、御存じの通り！

そして、「“事”ここに至って！」に記した次の記は、新しい時代を告げる一言にもと……！

“事”ここに至って、動き出した新時代！
　アメリカはどうなるの？（トランプ氏の登場！）
　日本は、どうなるの？（問われる天皇の退位！）
　世界はどうなるの？（世界中、諸々の……！）

“事”ここにきて、当方の記**『時の到来』**が書き出されてきた

**今、“事”ここに至って、ハテ……、サテ……と？**

**（ステップ……、アップ……、ジャンプ……、「回れ右」して、眼下に眺めさせられる視界……、過去の山並と……！）**

諸々の現象化の原点、回転する球体（○）に始まる諸々の現象化、その間に生ずるスピン運動（△）、二重螺旋構造は、諸々の情報……、次元を超えて運び、諸々の三次元的現象化（□）、進化をも運んできていることにと……！

アー、何をか言わんや、諸々の現象化は、回転する球体（○）に始まり、その内部に生ずる上下のスピン運動（△）、つまりは二重螺旋構造によって、諸々の情報は次元を超えた現象化（□）へと……！

各自、各様、自ら辿らされてきている、その情報、各々の進化にも通じていることにもと……！

各自、各様、宇宙の根源的原理、回転する球体（○）に問いかけてごらんなさいと……！

その答えは、即、現状につながり、今生の存在性にもと…！
「問いかけてごらんなさい！」

その答えは、その人の人生に反応して……、未来の現象化へと……！

ア……！　オギャーと生まれて、30年前後は、生まれてきた此の世との関わり、その学び、大いに楽しみ、遊んで、そして、その後の人生は……、根源的原理（○△□）に導かれての人生ともなって歩まされ、未来の現象化につながっていること……、人、知るや知らざるやと……！

問いかけてごらんなさい！　いつの日にか、その答えは、それに関連して展開してきていることにもと……！

自らも、“事”、知るや、知らずや、29歳を迎えての“事”の展開、『青い空に浮かんだ“方形”』のインスピレーションに始まって、今日に導かれてきているその結果……、現在……今に在ること、ただただ感謝あるのみ、サンキュ、サンキュと……！

（2016年12月１日記）

# 第５編　「回れ右」して眺めさせられる視界とは？

ステップ……、アップ……、ジャンプ……、「回れ右」して、眼下に眺めさせられる視界……、過去の山並と……！

諸々の現象化の原点とは、回転する球体（○）に始まる諸々の現象化、その間に生ずるスピン運動（△)、二重螺旋構造は、諸々の情報、次元を超えて運び、諸々の三次元的現象化（□)、進化をも運んできていることにと……！

ア、何をか言わんや、云々と……！

“事”、何をか言わんや、回転する球体内に秘められている要素の説明、つまりは『Astro-beads』内に秘められている幾何学的「○△□」の原理、ただそれだけのこと……！

図面をもって説明をと（先の記に書き添えた“1979年代の記、重畳空間を支えている『Astro-beads』PAT. 53-04388”を通して説明していこうと）思っていたことは、サテ置いて……！

12月３日付けで出版社に投稿、そして一夜明けた12月４日の読売新聞を開いてみて、ビックリ！

時代的に問われ始めた視点からの諸々の出版書……！　まさ

に“時の到来”と……！

まず、目に飛び込んできたのが、マックス・テグマーク著『数学的な宇宙 究極の実在の姿を求めて』（講談社）であった！『Astro-beads』の幾何学的パターン（○△□）の原理とも重なって！

今回の出会い、ア、何をか言わんや、今後にと……！

12月４日の新聞で目にさせられたのは、そればかりではない！　その他、諸々の立場から問われ始めた時代の移行、今後の人類の意識改革にもと……！

ところが、ところが、ですよね、読売新聞の広告欄で目にした『数学的な宇宙』をと、書店に出向き、そこでまた目にさせられた時代的、多々の出版書に出会い言葉を失う……！

まさに、動き出した新時代への動行……！　そこには若い人たちに問われる今後の未来性が、アリガトウ、アリガトウと！

一応目にした書の名のみを記して、またの機会にと！

・『数学的な宇宙 究極の実在の姿を求めて』マックス・テグマーク著、谷本真幸訳（講談社）
・『いま世界の哲学者が考えていること』岡本裕一朗著（ダイヤモンド社）
・『進化は万能である　人類・テクノロジー・宇宙の未来』マッ

ト・リドレー著、大田直子、鍛原多恵子、柴田裕之ほか訳（早川書房）

・『人類は絶滅を逃れられるのか――知の最前線が解き明かす「明日の世界」』スティーブン・ピンカー、マルコム・グラッドウェル、マット・リドレー著（ダイヤモンド社）

（2016年12月15日記）

## 第６編　2017年に入って、意外な展開

晴天の元旦！　昨年の「破魔矢」を持って、氏神様、神社へと……！

帰路、手にした「おみくじ」……、第46番、「大吉」と……！

その末尾に『こういうチャンスは、あまりない。大吉』と！

新年は、『大吉』をもって始まったこととなる！

とるにたりない一言が……、未来を啓くことにと……！

その後の展開……、何をか言わんや……！

まさに、新時代は、すでに始まっていることにと……！

元日のNHKのEテレ、深夜23：00「新世代が解く ニッポンのジレンマ 元旦SP」。

「恒例ジャンルを越えて、各界新世代の異能12人、200人の観客と集結！　格差、分断進む日本？　明るい未来見えるか？　世界が動く！　トランプからシンゴジラまで？　ポスト真実の時代に、本音のドキュメント！　AI時代のリアルとは」

何気なく見ていた、このオバアさん、シッチャカ、メッチャカ、メロメロと……！

こんな時代にきているのかと……、若い人たちの今後の未来とは……？

「被造物」と……！　被造物を生み出しているところの「宇宙システム」（『Astro-beads』）からの発想の転換期にきているのではなかろうかと……？

つまりは、楽園エデンの園を追放された人類が……、今……、追放されたエデンの園への復帰、その“時の到来”と……！

## 新年の一言『明るい日本、未来のためにと……！』

その後、日を経た１月６日（金）、NHKの番組（22時）を目にする。

「村山斉の宇宙をめぐる大冒険」

東大の人気物理学者、村山斉がナビゲート、ダークマターの不思議、憧れの世界絶景で語る宇宙の始まりと終わり。

（回転する“球体”内に秘められていたシステムは、次元を超えて、諸々の現象化をも生み出す要素ともなっていることに……！）

それは、『法』（○△□）として、示されてきていたことに気付かされる『Astro-beads』のステップ、アップ、ジャンプして、眺めさせられる視界……、過去の山並の視点……、今、ここに至って、未来へと向かって、歩み出させられてきているようです！

まさに、開運のキザシ……！　元旦の「おみくじ」“大吉”の、「こういうチャンスは、あまりない」と……！　今後に託して……、サンキュ、サンキュと！

その後、1月8日（日）の読売新聞「展望」に目が留まる！

“「知の創造」守れるか”（滝田恭子科学部長）の、「AI研究の根幹は数学である」の一言に目が留まる……！

また、「地球の歴史『138億年』を読み解く」として、生命を育んできた「地球」は、どのように誕生し、どんな未来を迎えるか……、その長い物語を3冊にまとめた『地球の歴史』（中公新書）が発行……、云々と……！

上記の「書」を求めて、某書店へと……！　しかし、在庫はなく、注文しての帰宅……！

それに代わって、目にさせられた書『宇宙はどのような時空でできているのか』郡和範著（ベレ出版）。

当方、“時の到来”と題して書き出され始めた記の、その「第６編」は……、亡き主人の実家への年末の御挨拶として書き出されたものであったが……、意外や、意外、従来の日本の家族制度等生活習慣等も含めて、未来へと“事”、書かされてきている。今年の夜明け……、今後の未来へと念じて……、１月12日（木）までの記となる……！　今後に託してと……！

その後、１月14日（土）の記、注文していた『地球の歴史』（上中下３冊）が手に入る。

“事”、ここに至って、気付かされたこと……！

『Astro-beads』として書かされてきていた半世紀にもわたる誘い……、辿らされてきていた人生……、その体験を通してのこの記録は、これら現象化された視点から問われてきていた諸々のそれらの現象化が……、生み出されてくるところのその原点！

つまりは……、回転する球体、その時空間『Astro-beads』からの現象化……、その原点……、つまりは……、辿らされてきていたこの半世紀の記録なるものは……、「回転する球体」、つまりは、『Astro-beads』から生じ、諸々の現象化を生み出してきていること……、自らの1960年６月５日のインスピレーション、幾何学的構図『青い空に浮かんだ“方形”』の体験なるものは……、まさしく、諸々の現象化された視点からの研究……、その視点は、何のことはない……！　回転する球体内に秘められている「原点」……、仏教で伝えられていた『法』、

郵便はがき

料金受取人払郵便

新宿局承認

4946

差出有効期間
平成31年7月
31日まで
(切手不要)

1 6 0 - 8 7 9 1

843

東京都新宿区新宿1-10-1

(株)文芸社

愛読者カード係 行

| ふりがな<br>お名前 | | 明治 大正<br>昭和 平成 年生 歳 |
|---|---|---|
| ふりがな<br>ご住所 | □□□-□□□□ | 性別<br>男・女 |
| お電話<br>番　号 | (書籍ご注文の際に必要です) | ご職業 | |
| E-mail | | |

| ご購読雑誌(複数可) | ご購読新聞<br>新聞 |
|---|---|

最近読んでおもしろかった本や今後、とりあげてほしいテーマをお教えください。

ご自分の研究成果や経験、お考え等を出版してみたいというお気持ちはありますか。

ある　　ない　　内容・テーマ(　　　　　　　　　　)

現在完成した作品をお持ちですか。

ある　　ない　　ジャンル・原稿量(　　　　　　　　　　)

| 書　名 | | | |
|---|---|---|---|
| お買上<br>書　店 | 都道　府県　　市区　郡 | 書店名 | 書店 |
| | | ご購入日 | 年　月　日 |

本書をどこでお知りになりましたか?
1.書店店頭　2.知人にすすめられて　3.インターネット(サイト名　　)
4.DMハガキ　5.広告、記事を見て(新聞、雑誌名　　)

上の質問に関連して、ご購入の決め手となったのは?
1.タイトル　2.著者　3.内容　4.カバーデザイン　5.帯
その他ご自由にお書きください。
(　　)

本書についてのご意見、ご感想をお聞かせください。
①内容について

②カバー、タイトル、帯について

弊社Webサイトからもご意見、ご感想をお寄せいただけます。

ご協力ありがとうございました。
※お寄せいただいたご意見、ご感想は新聞広告等で匿名にて使わせていただくことがあります。
※お客様の個人情報は、小社からの連絡のみに使用します。社外に提供することは一切ありません。

■書籍のご注文は、お近くの書店または、ブックサービス(0120-29-9625)、セブンネットショッピング(http://7net.omni7.jp/)にお申し込み下さい。

幾何学的（○△□）に、如実にと……！

諸々の現象化が生み出されてくるところの、その原理は……、また、今後にと……、諸々の現象化を誘っていく根幹……、未来に託して、書かされてきていることにもと……！

まさに、誘われるままに……、導かれるままにと……！

すべては、回転する球体から導き出される『天の配剤』におまかせしてと……、ブラボウ、ブラボウと……！

改めて！

“事”……、ここに至っての“事”の展開……、半世紀にもわたる、自らの“事”の展開……、何も知らない戦時中の一女学生が、正立方体（XYZ）にかけられた一本の「対解線」を通して展開してきた『渦』構造……。

つまりは、三次元的時空間（XYZ）は、ある一定の段階に達すると、膨張して、次元を超えた階層的時空領域へと……、諸々の現象化を誘うことにもと……！（詳細は、前に出版した３冊を御参考にと）

つまりは……、“時の到来”……、人類の大きな意識的転換期の到来……、アダムとエバが追放された楽園、エデンの園への復帰……、“時の到来”が見えてくることにもと……！

その説明も、今となっては、何のことはない、“時の到来”と……！　「○△□」の原理から、いとも簡単に説明されてくる時代にきていることにもと……！

アー、何をか言わんや……！　諸々の現象化は、回転する“球体”に秘められていた幾何学的『結晶パターン』にと……！　時の流れを超えて辿らされてきていた、諸々の現象化……、ア、何をか言わんや……、諸々の現象化を生み出してきていること……、人、知るや知らずや、今、こうして書かされて自らも、「ステップ……、アップ……、ジャンプ……、云々と……」迎え入れられた新しい回転する球体内に招き入れられての一言……、複合的階層性なるものに……、これらの記録を書かされてきていることにもと……！

自らも、“事”の展開にただただ驚かされている次第……！

自らの存在性を生み出してきている回転する時空間からの波動なるものによって……、“事”、書かされ、教えられ……、元日の「おみくじ」ではないが、納得させられる、今年の始まりともなりました……！　アリガトウ、アリガトウと……！

今日は、早、１月も終わりに近い……！

元日のテレビ番組（ニッポンのジレンマ）を目にして……、「本音のドキュメント、AI時代のリアルとは」と……！

それに対して記した、自らの一言……！

「シッチャカ、メッチャカ、メロメロの対話……！」

今後、この番組は、いかなる方向へと？

その後、出会わされた１月６日のテレビ番組！

東大の人気物理学者、村山斉のナビゲート……！

「ダークマターの不思議　憧れの世界絶景で語る宇宙の始まりと終わり」

その後、新聞で目にした、去年（2016年）出版されたばかりの紹介書！

『地球の歴史（上中下）』鎌田浩毅著（中公新書）
『宇宙はどのような時空でできているのか』郡和範著（ベレ出版）

物理学的三次元の現象化を超えて問われる『渦』構造からの時空間……、次元を超えた時空間……、幾何学的模索は、いかなる方向へと……？

半世紀にもわたって辿らされてきていた、これらの過程も……、回転する球体、『Astro-beads』、「○△□」、『法』をもっての展開であることに、変わりはないのである……、未来に託して……、ブラボウ、ブラボウと……！

## 意外な展開、座間市長へと、今後に託して！

昨日（１月27日）のあすなろ会特別講座（座間市長の講座）に出席させていただき、市長のお話に耳を傾け……、ただただ驚かされ……、アー！　何をか言わんや……！

当日、持参していた「当方の原稿」（“時の到来”第６編）をコピーして、お届けすることにと……！

諸々の現象化のその背景に鎮座まします……、その「宇宙システム」なるものに視点を向けられての講話ともなっているのに……、自らも関連して……、投函をと……！

座間の一市民として、定年後の「あすなろ大学生」、早、何年生？　13年生も越えた今……、“事”、ここに至っての投函、一般的ならぬ発信と、ためらわれもするのですが……、まさに“時の到来”と……、あえて、お知らせすることと致しました……！

やはり、“時の到来”と……！

遠藤三紀夫市長にお知らせ下さいませ……！

（座間の一市民、86歳のオバアさん）

（2017年１月28日記）

# 第７編　“原点”の謎解き

“時の到来”を書かされてきて……、驚くことに「今問われてきている一言」。

“事”の展開は……、「生命現象」の謎解きともなって、諸々の現象化を生み出してきているところの、その“原点”の謎解き、“事”の展開……！

ア、何をか言わんや……！

“時の到来”として記してきていた「第６編」は、今、“事”ここにきて……、「第７編」として、ペンを取らされてきていることにもと……！　自らも、ただ驚かされているありさま……！

ア、何をか言わんや……！

ただただ「回転する球体」（諸々の現象化を生み出してきているところの、その原点からの波動）に背を叩かれ……、ペンを走らされてきている、このオバアさん……！

ア、何をか言わんや……！

諸々の現象化……その問われる原点は、何のことはない……1960年６月５日の『青い空に浮かんだ“方形”』（XYZ）にかけられていた一本の「対解線」をもって展開されていく……、階層的時空間、「渦」構造にと……！　まさに「時空間の変動期」が始まっていることにと……！

古代インドの叙事詩「アタルヴァ・ヴェーダ」に「XYZ」内の「対解線」を「スカンバ」と呼び、諸々の現象化を生み出す原点と……！

古代から「根源的原点」について「スカンバ」として納得されていたことにも驚かされるのであるが……！　詳細な説明は、いとも簡単な「○△□」の『法』をもってと……！

またの一言！

「回転する球体」（○）内に生ずる、上下の右巻き、左巻きのスピン運動（△）は、二重螺旋構造となって、諸々の情報を運ぶ役目をも……！

回転する球体内に秘められているそれらの性質は、諸々の現象化を生み出す情報源ともなって……、云々と……！

ア、何をか言わんや……！

諸々の現象化は、まさに「回転する球体」内の『法』（○△□）にと……！

“事”ここに至って、意識させられてくる新時代……、訪れている視点から眺めさせられるエデンの園……、若い人たちの未来性が見えてくる……！　今後に託して、ヨロシクと……！

ステップ……、アップ……、ジャンプ……、「回れ右」して、眼下に眺めさせられる視界……、過去の山並と……！

“事”ここにきて、『Astro-beads』の視点から眺め、問われてくる“時の到来”……！

もはや……！　それらの視点をも乗り越えて、「回転する球体」から生み出されてくる諸々の現象化……ア、何をか言わんや……！　エデンの園へと向かって、新しい方向性は、すでに動き始めていることにもと……！　ブラボウ、ブラボウと……！

人類の意識的転換が問われる時期にきていることにと……！

諸々の現象化は、回転する球体から生み出された“結晶の華”と……！

諸々の現象化とは、**万物共通の“生命共同体”**。

「たま出版」社長だった瓜谷侑広氏の問われておられた『生命共同体』とも重なって、今、ここに記されることになろうとは……！

その中に咲いた“結晶の華”……！

ア、何をか言わんや……！

今、在ることへの感謝……、天の配剤あっての存在性……、時を超えて未来へと……！

ただただ感謝あるのみ！　言葉を失う……！

アリガトウ、アリガトウ……！

（2017年１月30日記）

## “時の到来”を記してきて……！

「第６編」を記し終えて、翌日（１月27日）、定年後の市民大学「あすなろ」の特別講座、遠藤三紀夫座間市長の講座に出席しての、当方の意識的感覚から、たまたま持参していた「“時の到来”第６編」の原稿をコピーしてお届けいただくこととなった次第……！

そして、また、今回、「第７編」が記された１月30日の翌日に届けられたのが、市からのアンケート調査票（福祉部福祉長寿課、健康部介護保険課）であった……！

その調査票の末尾に「自由回答欄」なるものがあったことから、その一筆……！

当方のおかしな人生――原稿を書かされてきた、一般的ならぬ半世紀……その一言とは、下記なるものにと……！

《自由回答欄》
“時の到来”の原稿書き者……86歳にもなるこのオバアさん……。

半世紀にもわたって、書かされてきていたこのオバアさんの一言……。

「そんな時」を送っているこのオバアさん……どうしましょうか……？

今後によろしくと……！（２月２日投函）

実は、86歳の手書きの原稿書き……思いつくままの走り書き……ながら、パソコンも故障……、新しいパソコンへの挑戦は、もはやこばまれ、ペンを持っての走り書きながら、また、ここにきて、86歳という年齢は、身体的にも……「指」なども動かしにくくなってきており、ペンを取るのも、できなくなったら、どうしましょうかと……？

表現できなくなったら、“新時代への情報”など、いかにして伝えていけばよいのか等々とも……。

近年は、そんなことも気になりだしている年齢にと…！　どうしたらよいのかしら等々と……！

“事”の展開……、今後にと……！

まさに、訪れた“時の到来”におまかせしてと……！

（2017年２月11日記）

# 第８編　生命現象の謎解き

「“時の到来” 第７編」を書き終えて、記す自らも、その展開 **“生命現象の謎解き”** 等と、銘打って記されていることに、いささか戸惑わされもする “事” の展開……！

しかし、記し終えて、日も数日を経た今、街中に出て、買い物など……一般的日常生活の中にあって、フッと、感じさせられる “違和感” とでも云おうか……体調が、通常と少々異なってと……！

体調が変といっても、特に変調が見られる訳でもないのであるが、年齢的なものもあるであろうが、意識的に感じさせられる “事” の変化……？

『Astro-beads』（半世紀も前の経路を辿ってのその体験、その発端）に戻って……。

『青い空に浮かんだ “方形”』（XYZ）、その “方形” 内にかけられていた一本の「対解線」（スカンバ）……！

その「対解線」（スカンバ）をもって、膨張する三次元（XYZ）の空間は『渦』構造へと展開……従来の三次元的（XYZ）の時空間を超えて、次期波動へと展開し始めていることにもと……！

そこに見られる従来の三次元的空間（XYZ）の調波は尺度を異にした“時空間”（XYZ）へと……現象化の波動の調和性を異にして、諸々の現象化の波動の転換期……つまりは、“時の到来”……今、「時空間の変動期」に入ってきていること、人、知るや知らずやと……！

まずは、半世紀も経てきた“事”の体験、『青い空に浮かんだ“方形”』のインスピレーション……“事”の展開は、“事”を示しての体験記録となって……！

ア、何をか言わんや……！

半世紀も辿らされてきていた“事”の体験……「“事”の証」は原点に戻ってと……！

『青い空に浮かんだ“方形”』をもって、“事”を説明されていく“事”の展開……今、ここにきてと……！

ア、何をか言わんや……！

今、始まっている時空間の変動期……“時の到来”は、昨年末から今年にかけての、とりとめのない一連の記（“時の到来”第１編～第７編）を通して、**今ここにきて、三次元的空間（XYZ）を超えた、膨張していく新しい尺度……つまりは『渦』構造をもって説明されていく“時の到来”……ア、何をか言わんや……！　新時代は、すでに始まっているエデンの園へと……！**

エデンの園へと……と言うよりも、現象化された世界は、まさに「エデンの園」そのものなのであるが、これまでの人類の辿らされてきていた“被造物”としての視点は、「万物の霊長」としての思い上がり……、今日の人類は、自然破壊にも至っていること、自覚させられるときにもと……！　まさに「エデンの園」への復帰、今、始まっていることにと……！

たまたま思いつくままの走り書き……今、ここにきて、未来へと足をかけ、ペンを走らされていることになろうとは……！

サンキュ、サンキュ……！

ブラボウ、ブラボウ……今後に託して未来へと……！

（2017年２月17日記）

《追記》

「第８編」を手にした２月19日（日）の読売新聞……中谷宇吉郎の言葉（1941年）――「雪は天から送られた手紙である」！

まさに自然界は、「回転する球体」から生み出されてきている諸々の現象化……幾何学的結晶体……その証ともなって……！　まさに天から送られてきた諸々の現象化……“結晶の華”にと……！

『Astro-beads』の“事”の展開……半世紀にもわたって書かされてきていた各々の現象化の記録……その体験記録、その体験は、何のことはない、今ここに至って、「回転する球体」をもって説かれ示されてくることになろうとは……！

天から送り出されてくる諸々の“結晶の華”……ア、何をか言わんや……！　まさに「回転する球体」から生み出されてきている諸々の現象化……！

『Astro-beads』なる視点からの説明も、いとも簡単な回転する“天体”……そこから生み出されてくる未来性、諸々の現象化……！

ア、何をか言わんや……！

“事”の説明は訪れた“時の到来”……人、知るや知らずや……！

回転する時空間……まさにエデンの園へと向かって、書かされ始めていること……サンキュ、サンキュ……！

今後に向かって、ブラボウ、ブラボウ……！

（2017年２月20日記）

# 第９編　まったく思いがけない出来事

今年も早、早春……！

今年に入り、書かされてきたこのたびの「原稿」……昨年末の記に続いて、（夫の実家に宛てた）年末のご挨拶に始まって、新年の市の氏神様の「おみくじ」……その一言、“時の到来”……そこからの“事”の展開はまさに新時代への誘いとなっての展開……。

自らも意としていなかったことへと記されることになって、まさに諸々の現象化の根幹、「生命現象」の謎解き、「回転する球体」（Astro-beads）からの結晶作用……等々と！

そして、ここに至って“時の到来”第８編へと！

それに追記した一言が、２月19日の読売新聞に掲載された中谷宇吉郎の言葉（1941年）「雪は天から送られた手紙である」をもって、一応、連絡の記はストップにと……！

その後の連絡は一寸……ストップされて今日に至ったことにと！

「雪の結晶」に関連しての記録は、読売新聞の中谷宇吉郎の言葉に寄せてであったが、その後、早、３月に入った今、“促される若い人たちの未来性”……今後について……！　『Astro-beads』の視点からの一筆が求められてきていたのであるが、“事”ここに至って、意外な展開へと……！

たまたま保存されていた過去の記録を手にさせられることとなり、それは約10年前にもなるパソコンを手掛けた折の手始めの記録なのであるが、「貴重な記録」として、パソコンのためし打ちとしての記録……今回、たまたま手にさせられることにと……！

あらためて読み直してみて、その意とする「記録」の貴重さ……再度、判断させられることにもと……！

その「記録」を基として、今後にと……若い人たちの未来性への足がかりになるのではないかと……！

とりあえず、保管されていたパソコン打ち始めの「貴重な記録」をと……！

ここで、全く思いがけない事故発生！

２月18日に図書館で原稿を記して、その日の帰路……小田急線からバスに乗り換えたときのこと……車中にて、突然、意識消滅……？

こんなこと、あるのであろうか……？　左顔面、頭から胸にかけて出血……気付いたときは、救急車で病院へと……！

何が起きたのか……？

「“時の到来”第８編」の２月17日の記に、体調の変化としてちょっと記していたのに関連してのことなのか？

そこからの原稿書きは……ちょっと、さて置いて、もっぱら身体検査……３月いっぱいは、病院における検診へと（いたって元気なのであるが……）！

やはり、このオバアさん、若い人たちの未来性……エールをと……！

ところが、ところが……、たまたまサイゼリアで昼食をしたその隣席に、同年代の紳士……、それとなしに会話を交わし、その一言は……経てきた年代を通し、今後の若い人たちの未来性……時代は、今、新しい時代へと、云々と……！

そして、また、一昨日、遅れて来ないバス停にて、一人の年配者……バスが来ないから云々と、腕時計を眺めている……！

それとなしに会話をしていて、「何かしておられるのですか？　勉強されておられる様子……云々」と……！

何も云わないのに？「ハイ！　云々」と……！

この方も２歳年上の88歳とのこと……！

そして、“時の到来”……今、眺めさせられる若者たちの今後の未来性……云々と言葉をつないで……！

当方、ここにきて、すれちがう同年代の人々の心の思いは「さもありなん……！」

新時代はすでに始まっているのを……！

これらの会話は、今後にと……！

サイゼリアで出会った紳士も、バス停で出会った方も、自己紹介……名刺を渡されて、意識は無言ながら……今後にと……！

出てきたパソコン打ちの10年前の「貴重な記録」は、今後にと……！

時の流れは、無言ながらも、人々の意識の中に……今、新しい歩みを、感じさせられる一時の出会いともなって……！　未来に託して！

サンキュウ、サンキュウ……と！

（2017年３月13日記）

## 第10編　新時代の方向性が無意識の中を流れ始めている

“時の到来”と銘打って、書き出されてきていた今回の記録……、今年、新年を迎え、旧年の古い破魔矢をもって「氏神様」へと初参り……その折、手にした**今年の「おみくじ」は、伝えていた……！**

“時の到来”……、「こういうチャンスは、あまりない。大吉」と……！

**まさに新時代の到来を予言したものとなっていた……！**

ア、何をか言わんや……！

今年も早、桜の候を迎え、“事”の展開は始まっているのであったが、先日の意外な“事”の展開……、突然の肉体的打撃……、バスに乗車しての意識の消滅……、出血……、救急車にて座間の総合病院へと運ばれる“事”の展開……！　迎えにきた義息の車で帰宅にと……！

（2017年２月18日記）

その後、もっぱら座間の総合病院にての定期的検診……、３月末の予定が入っていた……！

そして、その１ヵ月後の総合病院の待合室にて、診察を待っていた、席を共にしていた女性との、それとなしの会話等々……（先日はサイゼリアにおいて出会った年配者との会話や、遅れて来ないバス停における、やはり同年代の男性との、それとなしの会話、等々……）人々の歩まされてきていた人生経歴等が、耳にされるとき、辿らされてきていた自らの50年来、半世紀にもなる『Astro-beads』研究の時の流れが……、ア、何をか言わんや……！

新しい時代の方向性が、無言の意識の中を、過去から未来へと向かって流れ始めていること……、無心の心の中を……、とうとうと流れ始めているのを……！

そのとき、フッと、思わされたこと……！

“時の到来”と題して書かされてきていたこれまでの原稿は、一応、ここで完了と……、次への展開へと……！

それに代わって、次回からは、問われる人々の一言一言に、「『Astro-beads』からのプレゼント」として、そこに見えてくる新しい状況……現象化の自然との調和性等をと、折に触れ、人々に伝えられていけたらと……！　これこそ、まさに“時の到来”、未来性への展開、すでに始まっていることにと……！

ア、何をか言わんや……！　すでに見えてきたことへの展開！

これまでの題材“時の到来”は、“事”、転示と、訪れた

『Astro-beads』からのプレゼントとして、動き出した未来性……、ア、何をか言わんや……！　ブラボウ、ブラボウと……！

先日の一般的レストランにおいて、眺めさせられた老若男女の、年令を問わず、各自各様、歩いて来られた、また、歩いて行かれる各自各様の夢を語り合い、集うている皆々様……。このオバアさんの年齢から眺めさせられるとき、これまでの表現、至らぬが、『Astro-beads』から眺めさせられる未来性……、それら、夢に託して、今後にと……！

《添付》

たまたま出てきた今年（2017年）初めの一言……参考までに！

『個の存在性を超えて、時空間の展開は、時代を超えて、新時代へと……！』

1月27日の「あすなろ大学」における座間市長の挨拶を耳にして、一般的視点、三次元的現象化を超えた、それらの現象化を生み出してきている「宇宙システム」……その視点から眺めさせられる諸々の現象化、そのお話へと……！　ブラボウ、ブラボウと……！

諸々の物理学的現象化を生み出してきている、その背景……。従来の宗教的「神様の世界」……、さらにもう一歩、その外界……、諸々の現象化を生み出してきている「回転する球体」から生み出されてくる、そのメカニズム……。

ア、何をか言わんや……！　まさに回転する球体から生み出されてくる、次元を超えた“結晶化”……。

ア、何をか言わんや……！　今、在ることの幸せを、人、知るや知らずや……！

“時の到来”、今後にと……！

（2017年４月末記）

# 第２部

# 『Astro-beads』からのプレゼント

## 「三途の川」を渡らされて

退院後、再度病院へ（５月２日）、保険などの手続きにと！

その帰路、立ち寄った書店にて、再度目にさせられた『書』……『数学的な宇宙　究極の実在の姿を求めて』（マックス・テグマーク、講談社）と“時の到来”にも記している。

まさに“時の到来”と……！

三次元的、物質的現象化からの探究を脱し、諸々の現象化を生み出してきている、その『宇宙システム』について、幾何学的「数学」の視点から問われ始めた、まさに“時の到来”なるかと……！

自らの辿らされてきていた『Astro-beads』の視点から問われる幾何学的パターン『法』（○△□）に重なって、“時の到来”と驚かされることにもと！

今回の入院、何をか言わんや、このようなこともあるのであろうかと？

こともあろうに、“時の到来”「『Astro-beads』からのプレゼント」として書き出させられることにもと！

ステップ、アップ、ジャンプして眺めさせられる新しい“時の到来”……ブラボウ、ブラボウと！

そのための今回の入院体験――三途の川（過去・現在・未来の三層構造）を渡らされた体験であったのではなかろうかとも。

今回、「幾何学的回転する球体の視点」から眼下に眺めさせられる従来の諸々の三次元的物質的現象化、その視点はもはや過去形にとステップ、アップ、ジャンプして眺めさせられる視界、過去の山並と！

これを記している今、何と2017年５月３日の憲法記念日で、施行70周年の記念日に重なっているとは！

ア……、何をか言わんや、“時の到来”、ブラボウ、ブラボウと！

すでに始まっている追放された楽園、エデンの園への復帰。人々は、すでに楽園へと導かれ始めたこと、知るや、知らずやと！

年齢、86歳を辿ってきているこのオバアさん、ア、何をか言わんや、今回の全く意識していなかった不思議な体験……意識がプツリと切れて、救急車で病院へと運ばれて、その後、日を経ての手術……その手術も、脆くなった太い血管から洩れる出血により、他の神経細胞に影響と、そのための脳神経外科での手術とか！

本人にとっては、まさに、次期文明への変動、従来の記憶などはすべて過去形にと……そして、そこに見せられた意識感覚は、これまでの『法』（○△□）で示されてきていた回転する球体から生まれる原理（詳細については、またの機会に、いとも簡単な構図をもって）、そこから徐々に諸々の現象化の結晶化の華へと……アー、何をか言わんやと！

以上が、半世紀にもわたって辿らされてきていた自らの研究コース……その謎解き……、今回の入院体験は、“時の到来”と題して書かされてきていた原稿の終わりに、続いては、それに添えられる未来像……、『Astro-beads』からのプレゼントとしてと！

アー、何をか言わんや……。

“時の到来”へと、こんな実体験をさせられて……、そして『Astro-beads』からのプレゼントへと！

アー、何をか言わんや、辿らされてきていた自らも何も言えない“事”の展開……、従来の文明、その流れは、眼下に眺めさせられる過去の人類の辿ってきた歴史の流れ、現象化された被造物としての存在性は、過去形となって、時代はすでに“「三途の川」を渡らされて眺めさせられる未来像……！”新時代へと、まさに目前の流れとなって、アー、何をか言わんや、諸々の三次元的物質化の視点を超えて……、幾何学的パターンを通しての未来へと！

人それぞれに、今世に生かされ、また物質的に現象化された肉体も、ある一定の段階を経て終わることにもと！

しかし、今世に至るまでの各自の波動、その生命、その波動は、天地開闢以来の諸々の情報あっての結晶化、今世に生を（結晶化）見せられていること、その生かされている一時、アー、何をか言わんや、その生かされているその一時、現象化への感謝、語るに尽きない、その幸せを！

逆に、貴方は、何をしに今世に生まれてきたのですか？　と問われるとき、何と答えられるでしょうか？

問いかけてごらんなさい！　必ずその答えは返ってきているはず、「何のために生まれてきているのですか？」と……。

貴方は何をこの世に残して旅立つのか、その波動は未来の結晶作用につながって、諸々の現象化、未来を構成していく要素にと！

86歳のこのオバアさん、このたび「三途の川」を渡らされて見えてきたその未来像、その素晴らしさに、ただただ感謝、感謝あるのみ……、サンキュー、サンキューと……！

（2017年５月３日記）

## 見えてくる未来性

半世紀にもわたって辿らされてきていた“時の流れ”！

その時の流れに首を傾けさせられながら、辿らされて見えてきた、その一言……！

**「三途の川」**を、辞書で引いて見ると……。

「死んだ人が、めいど（冥土）へ行く途中で渡るという川」（仏）

「**前世**（過去）、**現世**（現在）、**来世**（未来）、死んだ人が冥土に行く途中で渡るという川」

三次元的に現象化された物理学的、その領域……、その背景には、次元を超えた階層的領域、つまりは、諸々の現象化が生み出されてくるところの「宇宙システム」、回転する球体から生み出されてくる「複合的時空間」（『Astro-beads』）について、仏教では「三途の川」として、表現されてきていたことに、気付かせられることにもと……！

**まさに“時の到来”と……！**

三次元的現象化を生み出してきている、その背景……、つまりは『Astro-beads』（回転する球体）から生み出されてきている諸々の現象化、その「宇宙システム」、その存在性について表現されてきていること、人、知るや知らずやと……！

そこに見えてきた「宇宙システム」、その存在性について表現されてきていること、今、まさに、問われる時代を迎えていること、人、知るや知らずやと……！

そこに見えてきた「宇宙システム」、被造物としての人類、その三次元的肉体は滅しても、楽園、エデンの園へと誘われてと……！　ブラボウ、ブラボウと……！

人間は「三途の川」（死）をも渡り切って、なおも結晶作用、未来の結晶化、諸々の現象化につながって、必要とされる波動は、楽園、エデンの園への構築につながっていくことにもと……！　ブラボウ、ブラボウと……！

諸々の現象化のその過程に目を向けさせられるとき、三次元的に現象化され、生み出されたその一時も、肉体は滅しても、天地開闢以来、伝えられてきていた、その結晶パターンに……！

ア、何をか言わんや……！　各自各様、自らに問いかけてごらんなさい！　まさに、諸々の現象化、その結晶パターンは、必要なる情報として、未来構築、エデンの園へと……！　不必要なる情報は現象化を見ず、自然消滅へと……！

ア、何をか言わんや……！　今、生かされているその幸せ、生かされているこの世の一時。「三途の川」に立たされて見えてきた、今の一時……！　サンキュウ、サンキュウと……！

（2017年５月末日記）

## “事”の展開

意外や意外、辿らされてきていた“事”の展開（“事”あって辿らされてきていた）、回転する球体『Astro-beads』の論理から眺めさせられての“事”の次第……！

今、ここにきて、階層的時空間、「三途の川」（死）を渡らされて（過去、現在、未来の階層的時空間を超えた視点に立たされて）、眺めさせられる視界……、何と、上野の博物館における７月11日に始まった「特別展」に誘われて……。

『深海2017　最深研究でせまる“生命”と“地球”』展を目にし、生命現象の謎解き……「クロカムリクラゲの構図」が目に留まる。

アー、何をか言わんや……！

『Astro-beads』の構図に重なって見えてきた、その「クラゲの構図」……！

回転する球体内に秘められている諸々の現象化、その原点が、ここに見えてくることにと……！

今後に託して、先は草々……、サンキュウ、サンキュウと……！

《添付》

三次元的に現象化された肉体、その被造物には、限界（死）はあるが……、それを生み出している天地開闢以来の波動（情報）には、次期現象化にもつながり、終わる（死）ことはないことにもと……！（不要な波動は、次期結晶化を見ずと……！）「三途の川」を渡らせられての今の一言なりと……！

（2017年７月18日記）

## “事”ここにきて問われる「重力波」との出会い！

年齢も年齢、辿らされてきていたこれまでの記、紹介された某所に投函……９月23日の秋分の日であった！

そして10月４日の読売新聞の記事に目が留まる。

「重力波初観測　ノーベル賞　物理学賞に米３氏」
「重力波で何がわかるの？」
「宇宙誕生時の謎　解明近づくかも」

辿らされてきていた『Astro-beads』からの未来性、階層的時空間（過去、現在、未来に分けられる「三途の川」）を超えて眺めさせられる未来性、問われる諸々の現象化……！

（「三次元界」に生み出してきている諸々の現象化、その背景にある「宇宙システム」）

『Astro-beads』からの論説「ステップ……、アップ……、ジャンプ……、「回れ右」して、眼下に眺めさせられる視界……、過去の山並！」と……！

いよいよ始まった未来性……ア、何をか言わんや……！

来年は、もはや88歳！　1930年10月４日生まれのこのオバアさん、「三途の川」（半世紀にもわたって辿らされてきていた諸々の現象化の過程、その謎解きは、“時空を超えた階層性”をもって一括りの一言にと……！）を渡らされて、見えてくる未来性……エデンの園……、今後に託して……、サンキュ、サンキュ……、ヨシナニと……！

（2017年10月５日記）

## 見えてきた“事”への展開、動き出した“時の到来”

半世紀にもわたって辿らされ、問われ続けてきた『Astro-beads』の時空間……、その未来像……、「生命現象の謎解き」に重なって……、ア、何をか言わんや……！ “事”ここに至って、「三途の川」を渡らされ……、眼下に眺めさせられている視界……、もはや過去の山並と……！

三次元界（XYZ）に生み出されてきている諸々の現象化……その「宇宙システム」は、回転する球体から生み出されてきている階層的時空間……渦構造を通してと……！

その『Astro-beads』の機構は伝えていた……！ 天地開闢以来の諸々の物理学的現象化（XYZ）が生み出されてきているその背景には、天地開闢以来の情報との関連性……、そのメカニズムに、人々は、目を、意を向けはじめているのが見えてくる……！

まさに“時の到来”、すでに始まっていることしきり……！

先日のテレビ……、『千の風になって』（原詩の作者不詳）の伝えられていたメロディーや、「祝ノーベル物理学賞、重力波に挑んだ科学者たち」等々……改めて映し出されているのが目に留まる……！

その他、日増しに示されてきている“事”への情報……、今後に託して……、ヨロシク……！

（2017年11月３日記）

## ここにきて出合わされた本

・Newton別冊『宇宙誕生』（ニュートンプレス、2017年10月10日）

私たちが存在するこの宇宙は、いったいどのようにはじまったのでしょうか？

はるか138億年前に誕生した宇宙。20世紀の天文学、物理学が急速に進展し、今やこの深遠なる問いに科学の力で迫る時代になっています。

・『熊を夢見る』中沢新一（KADOKAWA、2017年10月27日）

神話的思考の発生した遠い時空を透視する夢。

２冊とも、今年10月に入っての初版本。その新刊との出合い……何をか言わんや……！

問われる“時の到来”、1960年６月５日のインスピレーション『青い空に浮かんだ“方形”』から辿らされてきていた50年来の経過報告『Astro-beads』をもっての事の次第……、『Astro-beads』にかけられていた一本の「対解線」（スカンバ）をもっての事の次第……、ア、何をか言わんや……！

戦時中の女学生、ろくな知識もない女性が導かれ、辿らされてきた天の配剤……事の次第を辿らされて今日へと……まさに天の配剤に感謝しての一筆……サンキュ、サンキュと……！

その後、先日のこと、夕方、帰宅のバスを待っていて、何気なく脳裏をかすめた曲、忘れていた曲！「夕焼け小焼け」（作詞：中村雨紅、作曲：草川信）

♪夕焼け小焼けで日が暮れて
山のお寺の鐘（○△□）がなる
おててつないでみなかえろう
からすといっしょにかえりましょ

子供がかえったあとからは
まるい大きなお月さま
小鳥が夢を見るころは
空にはきらきら金の星

まさに回転する球体『Astro-beads』から眺めさせられる現象化された世界……、現象化された万物生命共同帯……夜空に輝く金の星！　まさに（○△□）から生み出された現象化……！

幼い頃、耳にしていた童謡にも、すべては要約され、歌われてきているのか……人、知るや知らざるや……ア、何をか言わんや……！

訪れた楽園、今始まっているのを、ブラボウ、ブラボウ……と！

（2017年12月11日記）

《追記》

「あすなろ大学」に出向いた折、たまたま出会った級友に「夕焼け小焼け」の話をしたところ、「その童謡は中村雨紅先生の作詞で、八王子から厚木東高校に至るときの……」云々と……！

その咄嗟の一言に、ただただ驚かされ……、時の流れに背を押され……書かされているかのような“事”の展開……！

（2017年12月16日記）

## 著者プロフィール

**『Astro-beads』和子**（あすとろびーず　かずこ）

1930年東京に生まれ、戦時中の女学生生活、ろくな勉強もしていない高等女学校の最終卒業生。
それなのに、朝の目覚めの時の呟き、横文字で「Astro-beads」Pro. texture.。起きてから辞書を引いて納得させられている次第！
「宇宙空間」は「情報の海」、配線がつながれば「宇宙システム」はおのずと示されてくる時代へと！
戦後、Geodetic Division U.S.A.（米軍地図局）に勤務。投影法（メルカトール・空中からの地図の作成法）の講習を受けている。
土曜日は、お茶の水の文化学院総合芸術学科「アート・デザインコース」に、日曜日は、「今井館」（矢内原忠雄・聖書集会）に。
そのためか、デザインによる空間感覚や、投影法、そして聖書などが重なってのことなのか？
1960年６月５日の思いがけないインスピレーションの体験から提示され、問われ続けて今日に至ったこととなる。

著書
『アーッ、時空がずれたー！』（文芸社　2009年）
『新時代への飛翔』（文芸社　2011年）
『動き出した新時代』（文芸社　2012年）

# 時の到来

2018年３月15日　初版第１刷発行

著　者　『Astro-beads』和子
発行者　瓜谷 綱延
発行所　株式会社文芸社
〒160-0022　東京都新宿区新宿1－10－1
電話　03-5369-3060（代表）
03-5369-2299（販売）

印刷所　株式会社フクイン


ISBN978-4-286-18388-6